AF356977

ARRESTS, REGLEMENS,

ET AUTRES PIECES

Concernant la Communauté des Maîtres Oiseleurs de Paris.

Leurs anciens Priviléges ; Droit d'exposer & vendre leurs Oiseaux aux jours marqués sur le Pont aux Changeurs : comme aussi de donner liberté à certaine quantité d'Oiseaux, en signe d'allegresse, les jours des cérémonies du Sac e de nos Rois, Entrées des Reines, Processions & autres cérémonies publiques & solemnelles ; & Certificats de ce qu'ils se sont acquités de ce devoir.

Extrait des Edits, Ordonnances, &c. redigés par le Sieur de Saint Yon, imprimés à Paris en 1610.

Livre premier, Article 104, Page 279.

Octroy accordé aux Oyseleurs de la Ville de Paris, de pouvoir vendre leurs Oiseaux sur le Pont-aux-Changeurs & Orphévres, accordé par le Roi Charles VI. en Avril 1402, & par le Roi Henry III. en Mars & Août 1575.

AUX pauvres Oiseleurs, et autres menues Gens prenans et vendans Oiseaux en la Ville de Paris, en considérations de ce qu'ils sont tenus bailler & délivrer quatre cens Oyseaux, quand Nous & Nos successeurs Rois, sommes Sacrez ; Et pareillement quand nôtre Très-Chere Compagne la Royne, vient & entre nouvellement en notre Ville de Paris ; leur avons octroyé & octroyons de grace spéciale, que dorénavant ils puissent porter & vendre leursdits Oyseaux sur le

A

Grand-Pont, du rang des Orphévres, par la forme & maniere
qu'ils ont faits & accoutumé de faire au temps paſſé, ſans iceux
attacher à perches, ni les mettre ſur tables.

Livre troiſiéme, Article 19, Page 997.

Arreſt de la Cour du 17 May 1573, qui confirme les Privileges
des Oyſeleurs, & vendront leurs Oyſeaux ſur le
Pont-aux-Changeurs.

VU par la Cour, la Requête à Elle préſentée par les
pauvres Oyſeleurs prenant Oyſeaux, & autres menues
Gens, vendans Oyſeaux en cette Ville de Paris : Tendante,
pour les clauſes y contenues, à ce qu'il plût à ladite Cour
permettre aux Supplians de jouir de leurs Privileges : Et en
ce faiſant, ſuivant iceux, qu'ils puiſſent porter & vendre leurs
Oyſeaux ſur le Pont-aux-Changeurs de cette Ville de Paris,
aux jours des Fêtes & Dimanches, ainſi qu'ils avoient accoutumé de faire, nonobſtant les défenſes à eux faites par le
Prevôt de Paris & Officiers du Châtelet. Vû les Pieces atta-
chées à ladite Requête, avec les Concluſions & conſentement
du Procureur Général du Roi : Et tout conſidéré. LADITE
COUR, a permis & permet aux Supplians, ſuivant leurs Privileges, vendre leurs Oyſeaux ſur le Pont-aux-Changeurs de
cette Ville de Paris, ès jours qu'ils ont accoutumé de faire. Et
ce faiſant, a levé & ôté les défenſes à eux faites.

Livre troiſiéme, Article 20, Page 998.

Arreſt de la Cour du 11 Mars 1577, qui ordonne que les Oy-
ſeleurs, ſuivant leurs Privileges, pourront vendre leurs Oy-
ſeaux, & non autres Marchandiſes, ſur le Pont - au - Change,
hors les jours de Proceſſions Générales, & autres, qui leur ſeront
d. nonces.

ENtre les pauvres Oyſeleurs, & autres menues Gens,
prenans & vendans Oyſeaux en cette Ville de Paris,
Demandeurs, & requerant la vérification des Lettres de Con-

firmation du 6 Août 1576, & requerant l'entérinement d'une
Lettre Patente du 26 Mars audit an, & Appellans d'une Sentence donnée par le Prevôt de Paris, ou son Lieutenant, le
7 Juin 1575, d'une part; & les Orphévres, Changeurs, Manans & Habitans du Pont-au-Change de cette Ville de Paris,
Défendeurs d'autre : Et ne pourront les qualités nuire, ne
préjudicier aux Parties. Après que Dorleans pour les Appellans, Marion pour les Intimez, & Brisson pour le Procureur
Général du Roi, a dit; Attendu les Privileges octroyés par
les Rois nos Prédécesseurs, confirmez par le Roi Charles VI.
& depuis par le Roi dernier décédé, & celui qui est à présent régnant; & aussi que jamais les Intimez ne se sont plaints,
ne fait instance aux Supplians, & qui ont leurs maisons ac-
coûtumées, à cette charge de les laisser mettre & attacher
leurs Cages contre les Ouvroirs & maisons, pourvû que l'on
n'y mette que des Oyseaux tant seulement, *& non point des
Chiens, Chats, Lapins, Serbotines, ni autres Denrés &
Marchandises* ; avec défenses aux jours de Processions Générales, ou autres Actes publics, ausdits Oyseleurs de vendre,
afficher, ou empêcher le passage, il n'y a pas grand mal de
les laisser continuer; car de les renvoyer à la Vallée-de-Misere, lieu découvert, & où ils n'ont moyen de se sauver de
l'injure du tems, ce ne seroit raison, mêmement que *ces Privileges sont à charge ancienne de fournir aux Rois, jusqu'à
la quantité de quatre cens Oyseaux.* LA COUR, quant au
principal, dit que les Parties corrigeront, & ajoûteront à leurs
Plaidoyers ce que bon leur semblera dedans huitaine. A la
huitaine après ensuivant, produiront aux fins & Plaidoyers,
ce que bon leur semblera, & au Conseil. Et cependant par
maniere de provision, pour plusieurs bonnes causes, justes,
& raisonnables considérations, à cela mouvans, ordonne que
les Oyseleurs jouiront des Privileges à eux ci-devant donnez &
octroyez, ainsi que bonnement, justement, & raisonnable-
ment ils en ont ci-devant joui & usé ; à la charge qu'ès jours
des Processions Générales, Actes publics, & autres qui leur
seront dénoncez, ils s'abstiendront & retireront du Pont-au-
Change, & qu'*ils ne vendront, ne débiteront autres Marchandises
que leurs Oyseaux, sur peines de confiscations desdites choses.*

A ij

Au même Livre & Page, Article 21.

Arreſt de la Cour du 8 Juin 1577, qui ordonne que les Oyſeleurs auront Commiſſion pour ſnformer des Contraventions par les Orphévres à l'Arreſt du 11 Mars 1577, auquel leur eſt cependant enjoint d'obéir.

VU par la Cour la Requête à Elle préſentée par les pauvres Oyſeleurs, & autres menues Gens, prenans & vendans Oyſeaux en cette Ville de Paris : Contenant, que par Arreſt d'icelle du onziéme Mars intervenu ſur la vérification des Privileges des Supplians, & les Orphévres, Changeurs, & autres habitans de cettedite Ville, auroit été entr'autres choſes ordonné, que par proviſion leſdits Supplians jouiroient de leurs Privileges, tout ainſi & en la forme qu'ils avoient accoûtumé : Et ce faiſant, qu'ils pourroient vendre & débiter leurs Oyſeaux les jours des Fêtes & Dimanches iceux attacher à cloux, avec leurs Cages & Vollieres contre les Chevrons & Eſteaux des Boutiques & Maiſons deſdits Orphévres & Changeurs : Lequel Arreſt auroit été exécuté par l'un des Huiſſiers de ladite Cour le vingt-ſeptieme de Mai dernier, appellez leſdits Orphévres & Changeurs ; & à eux fait défenſes de troubler & empêcher leſdits Supplians en la jouiſſance d'iceux. Et de fait, ledit Exécuteur auroit fait mettre & ficher cloux eſdits Eſteaux & Boutiques deſdits Orphévres & Changeurs, & fait mettre des Cages & Oyſeaux des Supplians : Ce néanmoins étant ledit Executeur départi, iceux Orphévres & Changeurs au contempt & mépris de l'autorité de ladite Cour, en blaſphêmant Dieu, proferant paroles injurieuſes contre l'honneur d'icelle, auroient jetté par terre leſdites Cages & Oyſeaux, icelles foulés & attripées aux pieds, battu & excedé leſdits Supplians ; tellement pour éviter le danger de leurs perſonnes, & pertes de leurs Oyſeaux, n'ont oſé depuis vendre ſur ledit Pont ; & par telles voyes de fait, leur demeureroit ledit Arrêt illuſoire, & ſans effet, au grand mépris de ladite Cour, pertes & dommages deſdits Supplians, leſquels requeroit leur être ſur ce pourvu. Vû les Concluſions du Pro-

cureur Général du Roi : Et tout confidéré. LADITE COUR,
a permis & permet aufdits Supplians de faire informer du contenu ci-deſſus, & autres faits en dépendans. Et ſur le ſurplus,
enjoint icelle Cour aux Orphévres & Changeurs du Pont-au-
Change, obéïr à l'Arreſt d'icelle du 12 Mars dernier, à peine
de quatre cens livres pariſis d'amende.

Au même Livre ; Article 22, Page 999.

Arreſt de la Cour du 4 Mars 1578. portant condamnation contre
aucuns Particuliers, pour les Contraventions à l'Arreſt du onze
Mars 1577, avec injonction aux Changeurs, Manans & Ha-
bitans du Pont-au-Change, de n'empêcher les Oyſeleurs à la vente
de leurs Oyſeaux.

VU par la Cour le Procès Criminel fait par l'Ordonnance
d'icelle, à la Requête des Oyſeleurs, & autres menues
Gens, prenans & vendans Oyſeaux en cette Ville de Paris,
Demandeurs pour raiſon des rébellions, déſobéïſſances, &
empêchemens faits à l'exécution de l'Arreſt de ladite Cour
donné à leur profit, à l'encontre de Pierre Fillaſſier, Marchand
Orphévre, demeurant ſur le Pont-au-Change de cette Ville
de Paris, à l'enſeigne de la Roſe, Priſonnier, élargi à la garde de l'un des Huiſſiers d'icelle. Interrogatoires, Récolle-
mens, & confrontations de Témoins à lui faite par l'un des
Conſeillers de ladite Cour, à ce commis. L'Arreſt de l'exécution duquel eſt queſtion. Les Concluſions, tant deſdits Demandeurs, que du Procureur Général du Roi ; & oüi, & in-
terrogé en ladite Cour ledit Fillaſſier ſur les cas à lui impoſez,
& contenus audit Procès : Et tout conſidéré. LADITE COUR,
pour les empêchemens, déſobéïſſances, & contraventions faites par ledit Fillaſſier à l'exécution de l'Arreſt d'icelle donné au
profit deſdits Oyſeleurs, à l'encontre des Orphévres, Changeurs, Manans & Habitans du Pont-aux-Changeurs de cette
Ville de Paris, le 11 Mars 1577. l'a condamné & condam-
ne en vingt Ecus envers leſdits Demandeurs, & dix-Ecus envers le Roi ; & à tenir priſon juſqu'à plein payement : Et ou-
tre, ès dépens, tels que de raiſon. Fait la Cour inhibitions &

défenses audit Fillassier, & à tous les autres Changeurs, Manans & Habitans dudit Pont, d'empêcher l'exécution dudit Arrest, méfaire ne médire auxdits Oyseleurs, & autres menus Gens vendans Oyseaux, en quelque maniere que ce soit, sur peine d'amende arbitraire & exemplaire; & a mis & met lesdits Oyseleurs au sauf-conduit du Roi & de la Cour; & les a baillez en la garde desdits Orphévres : Et a ordonné & ordonne que ce présent Arrest, pour le regard des défenses, sera lû sur ledit Pont-aux-Changeurs à jour de Dimanche, heures de neuf heures du matin, à ce que nuls n'en puissent prétendre aucune cause d'ignorance, sans toutefois que pour raison de la présente condamnation, ledit Fillassier encoure aucune notte d'infamie.

SENTENCE, qui maintient & garde les Maîtres Oyseleurs de Paris, au droit d'exposer leurs Oyseaux les Dimanches & Fêtes, depuis dix-heures du matin jusqu'à une heure & demie, tant sur la Vallée-de-Misere, que sur le Pont-au-Change ; & d'attacher leurs chassis & cages aux Boutiques & Ouvroirs des Maisons, défenses de les y troubler, & pour l'avoir par le nommé Desbois, icelui condamné à dix-livres d'amende ; défenses de récidiver sur plus grande peine.

Du Vendredi 12 Janvier 1717.

Extrait du Quatrième Registre de la Maîtrise des Eaux & Forêts de Paris.

ENtre Pierre le Comte, & les Jurés de la Communauté des Maîtres Oyseleurs de Paris, comparant par Me Bruere le jeune leur Procureur, Demandeurs d'une part.

Et Pierre Desbois Deffendeur & Deffaillant, non Comparant &c. lecture faite. &c. Oüi, Me Pierre-Joseph Nau de la Boessellière, Conseiller & Avocat du Roi, pour le Procureur du Roi en ses conclusions.

Nous avons donné deffaut, & pour le profit, sans s'arrêter à la Requête dudit Desbois, & ayant égard à celle des Maîtres Oyseleurs, Jurés, à présent en Charge; ordonnons que

les Statuts de leur Communauté & Réglemens, feront exécutés felon leur forme & teneur : En conféquence, avons main-
tenu & gardé les Maîtres Oyfeleurs, en la poffeffion où ils
font, du droit qui leur a été concédé par le Roi & fes Pré-
déceffeurs, de vendre & expofer en vente les Oyfeaux de
toutes fortes de genre & qualités les Dimanches & Fêtes, depuis dix-heures du matin, jufqu'à une heure & demie, tant
dans la Vallée-de-Mifere, que fur le Pont-au-Change, & d'attacher leurs chaffis & cages, aux Boutiques des Maifons : Faifons défenfes audit Desbois, & à tous autres de les y troubler, & pour l'avoir fait, par Desbois en la perfonne dudit le
Comte, avoir détaché fon chaffis de fa Boutique où il étoit
en poffeffion de l'attacher, de l'avoir jetté par terre avec les
cages & Oyfeaux qui y étoient, & l'avoir chaffé avec me-
naces de fa place par voies de fait, le deux Juillet dernier,
& avoir depuis empêché qu'il ait vendu & expofé en vente en
la manière accoutumée, condamnons ledit Desbois aux dommages & intérêts dudit le Comte, pour lequel il s'eft reftraint
à la fomme de deux-cens livres ; fi mieux n'aime ledit Desbois
la liquidation qui en fera faite fur la Déclaration qu'en donne-
ra ledit le Comte, ce qu'il fera tenu d'opter dans trois jours
pour tout délai, finon, déchu purement & fimplement en
vertu de notre préfente Sentence, fans qu'il en foit befoin
d'autre, & l'option referée audit le Comte, en dix livres d'a-
mende, lui faifons défenfes de récidiver fous plus grandes peines & en tous les dépens, tant envers ledit le Comte, qu'envers
lefdits Jurés Oyfeleurs, même en ceux refervés par notre Sentence & contradictoire du 30 Aouft dernier, & en ceux de la
vifite à laquelle il a donné lieu, & fera notre préfente Sentence exécutée nonobftant, &c.

Signé, d'EGRÍZELLE d'AULMOY.

CONCLUSIONS DU PROCUREUR DU ROI, pour l'enrégiftrement & homologation des Statuts de la Communauté des Maîtres Oyfeleurs de la Ville de Paris.

Extrait des Minutes du Greffe de la Maîtrife des Eaux & Forêts de Paris.

APrès avoir pris communication des Lettres Patentes de Sa Majefté du mois d'Avril mil quatre cens deux, portant pouvoir aux Oyfeleurs de Paris, de vendre leurs Oyfeaux fur le Grand - Pont du rang des Orphévres aux jours de Dimanches & Fêtes; autres Lettres de confirmation dudit Privilege du huitiéme Aouft 1575, Arrêt de Noffeigneurs du Parlement du 25 Mai 1575, par lequel avant procéder à la vérification des Lettres Patentes, eft ordonné qu'elles feront communiqués aux Manans & Habitans du Pont aux-Changeurs, *du Mandement du Grand Maître des Cérémonies: A tous les Maîtres Oyfeleurs, de fe trouver en la Ville de Rheims au Sacre du Roi, & tenir prêts les quatre cens Oyfeaux qu'ils font obligés fournir au 10 Octobre 1610, Certificat dudit Grand-Maître des Cérémonies du 18 Octobre audit an, comme lefdits quatre cens Oyfeaux ont été lâchés, ledit Certificat.* Signé, DE RHODES. Lettres de Confirmation de leurs Privileges & Statuts du feu Roi, du mois de Décembre 1612, vérifiés où befoin a été, Regiftrées au Greffe de cette Cour, l'Arreft de Noffeigneurs de Parlement de vérification defdites Lettres Patentes par provifion, à la charge de fe retirer dudit Pont, & s'abftiendront de vendre les jours de Proceffions-Générales, actes publics, & autres qui leur feront dénoncés du 26 Février 1613, Arreft du Confeil privé du Roi, rendu avec connoiffance de caufe, entre les Officiers de cette Maîtrife, & ceux de la Varenne du Louvre le 15 Octobre 1620, par lequel, toute connoiffance eft attribuée aux Officiers de cette Jurifdiction, de tous les différends mus & à mouvoir entre les Oyfeleurs de Paris & les Maîtres & Gardes de ladite Communauté, & maintenus en la poffeffion, avec défenfes aufdits Officiers de la Varenne du Louvre de les y troubler; Statuts renouvellés velles par lesdits Maîtres Oyseleurs ; tirés des anciens Statuts & Réglemens sur le fait des Oyseaux, Requête présentée par lesdits Maîtres Oyseleurs, afin d'approuver & d'homologuer lesdits Statuts ; & ordonner d'iceux être enregistrés au Greffe, pour y avoir recours quand besoin sera.

Je n'empêche pour le Roi l'homologation des Statuts, & iceux être registrés au Greffe, pour y avoir recours quand besoin sera. *Signé*, BOINDIN, avec Paraphe.

Commandement de fournir les Oiseaux au Sacre du Roi.

Du 18 Mai 1654.

L'AN 1654, le 18 de Mai, par vertu de l'Ordonnance de Maître Jean de Vaucorbeil, Ecuyer Sieur de la Crosse & de Forery, Conseiller du Roi, & Lieutenant de Eaux & Forêts de la Ville, Prévôté & Vicomté de Paris, & sur l'avis donné par le sieur de Sainctot, Maître des Cérémonies de Sa Majesté : Et à la Requête desdits Jurés Oyseleurs, j'ai, Huissier desdites Eaux & Forêts de Paris, soussigné, donné assignation à Jacques le Comte Maître Oyseleur de Paris parlant à sa femme

en son domicile, à comparoir demain dix heures du matin par-devant Messieurs desdites Eaux & Forêts près la Conciergerie du Palais, pour se voir condamner, & par corps à contribuer également, suivant sa part & portion, les Oyseaux qu'il est tenu de donner & fournir pour le Sacre de Sadite Majesté, lui déclarant qu'à faute de ce faire, qu'il sera mulcté de l'amende, & déchu du Privilége de sa Maîtrise, à ce qu'il n'en ignore. Fait présens témoins. *Signé*, DEMEAUX.

Quittance pardevant Notaires, de la cotisation payée aux Maîtres Oyseleurs par Jacques le Comte, pour sa part des frais de la fourniture des 400 Oyseaux mis en liberté en l'Eglise de Rheims, le jour de la Cérémonie du Sacre du Roi LOUIS XIV.

Nous Nicolas de la Cour, Claude Cousin, & Jean Rayer, Maîtres Oyseleurs en cette Ville & Fauxbourgs de Paris, certifions à tous qu'il appartiendra, que pour satisfaire au commandement qui nous a été fait par Sa Majesté, nous sommes transportez en la Ville de Rheims, & avons fourni quatre cens Oyseaux pour le Sacre de Sadite Majesté, fait & célebré en ladite Ville de Rheims en l'Eglise de Notre-Dame, le septiéme Juin 1654, Reconnoissons avoir reçu de Jacques le Comte Maître Oyseleur en cette Ville de Paris, onze Oyseaux pour sa part & portion dont il étoit tenu, & la somme de quatre livres pour les frais par nous avancés, frais & séjour que nous avons été nécessité faire, jusqu'au jour dudit Sacre & du retour de ladite Ville de Rheims, en cette Ville de Paris, dont nous le quittons & tous autres. Fait & passé à Paris ès Etudes des Notaires soussigné l'an 1654, le cinquiéme jour de Juillet, & ont lesdits de la Cour, Cousin & Rayer, déclaré ne sçavoir écrire ni signé *Signé*, JUDOT.

SENTENCE, qui ordonne que les Doyens, Jurés de la Communauté des Oyseleurs de Paris, avec deux anciens Maîtres, se transporteront en la Ville de Rheims, à l'effet d'y chasser les quatre cens Oyseaux, que cette Communauté est obligé de fournir en l'Eglise, le jour du Sacre de Sa Majesté, & que tous les Maîtres d'icelle Communauté, payeront ausdits Jurés, leur cotte part des 400 Oyseaux, & chacun la somme de quatre livres pour la dépense de leur transport à Rheims & retour à Paris.

Du Samedi 19 Septembre 1722.

Extrait du Quatriéme Registre de la Maîtrise des Eaux & Forêts de Paris.

CHRISTOPHE D'AULMOY, SEIGNEUR D'E-GRIZELLE, Conseiller du Roi, Maître particulier des Eaux & Forêts de la Ville, Prevôté & Vicomté de Paris: A tous ceux qui ces Présentes Lettres verront: Salut, sçavoir faisons, que VEU la Requête a Nous présentée par Louis Cany, Martin Né & Noel de la Cour, Maîtres & Jurés en Charge de la Communauté des Oyseleurs le 16 du présent mois de Septembre, à ce que le Procès-verbal d'assemblée de ladite Communauté, fait par Bouvatier l'un de nos Huissiers-audienciers, le 31 Août dernier fût homologué, en conséquence il soit ordonné que les Statuts de ladite Communauté, seront exécutés selon leur forme & teneur : Ce faisant, qu'il sera fait à la diligence des Supplians, un Rôle de répartition & de contribution sur chaque Maître Oyseleur de ladite Communauté, tant pour le nombre d'Oyseaux, & la somme de chaque Maître Oyseleur fournira pour le sacre du Roi LOUIS XV, & attendu que les Oyseaux peuvent mourir, & que le sacre même peut être retardé de quelques jours, qu'il sera permis aux Supplians, dans leursdites qualités de Jurés, actuellement en exercice de convertir en deniers le nombre d'Oyseaux que chaque Maître Oyseleur doivent contribuer, si mieux n'aiment les Maîtres Oyseleurs de ladite Communauté, nommer trois ou quatre Maîtres de ladite Communauté pour accompagner les Supplians, à l'effet de chasser les Oyseaux dans les plaines proche Rheims, & payer leur cotte part chacun, des frais qu'il conviendra faire pour ladite chasse, & même attendu, que le temps presse, & que le nombre de onze Oyseaux que chaque Maître fût obligé de fournir pour le Sacre de LOUIS XIV d'heureuse mémoire, & de quatre livres chacun en argent est une fixation qui peut estre exécutée, par provision il soit ordonné qu'en vertu de la Sentence qui interviendra, lesdits Maîtres Oyseleurs seront contraints par corps en vertu d'icelle, de fournir aux Supplians la quantité de onze Oyseaux, chacun, ou la somme à laquelle ladite quantité de onze Oyseaux, chacun jusqu'à concurrence de quatre cens Oyseaux sera par nous arbitrée, & ladite somme de quatre - livres chaque en deniers, à la charge par lesdits Jurés d'en fournir dans l'Eglise de Rheims lors du Sacre, la quantité de quatre-cens ; le tout sauf aux Supplians en cas que le nombre sur le pied de onze par chacun Maître, & ladite somme de quatre-livres aussi par chaque Maître, ne soient point suffisans de faire augmenter la contribution à proportion de ce qui s'en défaudra, & que notre Sentence sera exécutée nonobstant oppositions ou appellations quelconque, & les contestans condamnés aux dépens, dont les Supplians seront en tout cas remboursés en frais de Jurande, ladite Requeste signée de Crecy Procureur, notre Ordonnance du 16 de ce mois, par laquelle nous avons ordonné avant faire d'oir que la Communauté desdits Maistres Oyseleurs seroit assemblée pardevant nous, pour donner leurs avis & sur le contenu en ladite Requeste, en exécution de laquelle Ordonnance lesdits Maistres ont été convoqués par billets, & se trouvans ici présent, nous aurions pris leurs avis chacun séparément; sçavoir, desdits Louis Cany, Martin Né & Noel la Cour, Jurés, de Pierre Né & Guillaume la Cour, Pierre le Comte, Jacques Desptés, Paul Roch, Jacques Landiers, Antoine Briere, Nicolas Joly, Gilles-Clauses, Philippes Garcin, Jean-François Royer, Jean-Baptiste-François Royer, René Bourrienne, François-Honoré Pidieu, & Etienne l'Abalestrier, tous Maistres de ladite Communauté, lesquels nous ont dit qu'ils sont d'avis que Pierre Né en qualité de Doyen & Syndic de ladite Communauté, accompagne lesdits Jurés, de nommer trois d'entr'eux, à l'effet d'assister les Jurés pour chasser autour de Rheims, la quantité de quatre-cens Oyseaux qu'ils sont obligés de fournir, dont ils consentent de payer leur cotte-part, & la somme de quatre-livres chacun pour la dépense des Jurés; à l'effet de quoi ils ont nommé pour chasseurs, les personnes desdits Guillaume la Cour, Pierre le Comte & Jacques Landiers. Sur quoi, oui le Procureur du Roi en ses conclusions, Nous ordonnons que les Statuts & Réglemens de ladite Communauté, seront exécutés selon leur forme & teneur: en conséquence, avons homologué les avis desdits Maistres, & suivant iceux; disons que Pierre Né, comme Doyen & Syndic de ladite Communauté, accompagnera lesdits Jurés à Rheims, & à la cérémonie du Sacre de notre très honoré Seigneur & Roi LOUIS XV, & que lesdits Guillaume la Cour, Pierre le Comte, & Jacques Landiers, se transporteront avec les Jurés en la Ville de Rheims; à l'effet d'y chasser la quantité de quatre-cens Oyseaux que ladite Communauté est obligée de fournir en l'Eglise de Rheims le jour de la cérémonie du Sacre, leur donnons acte de ce qu'ils ont accepté ladite nomination & prêté le serment au cas requis, condamnons tous les Maistres, de ladite Communauté & par corps, attendu ce dont il s'agit; à payer ausdits Jurés leur cotte-part desdits quatre-cens Oyseaux, & chacun la somme de quatre-livres pour la dépense du transpo de cette Ville à Rheims, & au retour defdits Jurés ; ce qui fera exécuté nonobftant , & fans préjudice de l'appel comme fait de Police , & attendu ce dont il s'agit : Ce fut fait & donné , par Nous Maiftre particulier , fufdit en notre Jurifdiction au Palais ; à Paris, le famedi dix-neuf Septembre mil fept-cens-vingt-deux. *Signé*, MICHELON.

SENTENCE, portant Election d'un Juré de la Communauté des Maîtres Oyfeleurs de Paris, pour avec les deux autres Jurés, fe tranfporter en la Ville de Rheims, pour y lâcher des Oyfeaux lors de la cérémonie du Sacre de Sa Majefté le Roi LOUIS XV.

Du 7 Octobre 1722.

Extrait du quatriéme Régiftre de la Maîtrife des Eaux & Forêts de Paris.

AUjourd'hui font comparus pardevant nous en notre Chambre au Palais, Martin Né & Louis Cany, Jurés en charge de la Communauté des Maiftres Oyfeleurs de cette Ville ; lefquels nous ont dit ; que par acte fait au Greffe le 5 de ce mois à eux fignifié le mefme jour, Noel la Cour auffi Juré en charge de ladite Communauté a déclaré , qu'étant fur la fin de fa Jurande, & ne fe trouvant pas en état de faire les avances que chaque Juré eft obligé de faire pour le voyage de Rheims, au fujet du Sacre du Roi, il fe déportoit volontairement de fa Jurande, & confentoit qu'il fût élu un autre Juré en fon lieu & place, & comme il eft néceffaire de procéder à l'élection d'un autre Juré, ils ont fait avertir tous les Maiftres de ladite Communauté par billets, fuivant lefquels la plus grande & faine partie defdits Maiftres, fe trouvent ici préfens, ils requierent qu'il nous plaife prendre leurs avis & fuffrages , & de procéder à ladite élection : furquoi, oui ledit Noel la Cour, enfemble le Procureur du Roi ; Nous difons qu'il fera préfentement procédé à ladite élection, & à cet effet, avons pris les avis defdits Noel la Cour, Martin Né, Claude Cany , Jacques Landieres, Paul-Roch , Antoine Briere , Jean Bourienne, Gabriel

Plaigneau, Jean-François Royer, François Henry Plaigneau, Antoine-François Royer, Jean Lavidaly, Gilles Claude, Jean Gambier, François Coulon, Henry Henriau, Jean-Baptiste François Royer, René Bourienne, & Antoine-Nicolas Brieré, tous Maîtres de ladite Communauté, oui le Procureur du Roi en ses conclusions.

Nous, en entérinant les avis & suffrages desdits Maîtres, disons que ledit Plaigneau est élu Juré, au lieu & place dudit Noel de la Cour, pour par lui exercer ladite Jurande avec lesdits Martin Né, & Louis Cany pendant deux ans, & se transporter en la Ville de Rheims pour y lâcher dans l'Eglise les Oyseaux lors de la cérémonie du Sacre de notre très-honoré Seigneur Roi LOUIS XV. Conformément à notre Sentence du dix-neuf Septembre dernier, lui donnons acte de ce qu'il a présentement accepté ladite commission & presté le serment au cas requis & accoutumé, lui enjoignons de garder & observer l'Ordonnance des Eaux & Forests du mois d'Août 1669, & les Statuts & Réglemens de ladite Communauté, & suivant iceux, faire ses visites chez tous les Maîtres, assisté d'un Huissier de notre Jurisdiction, saisir les ouvrages qui se trouveront défectueux; & nous faire ses rapports de toutes les contraventions qu'il trouvera ausdits Statuts & Réglemens, sous peine d'estre destitué de la commission. *Signé*, D'EGRIZELLE D'AULMOY.

Certificat accordé par M. le Duc de Villequiere aux Jurés de la Communauté des Maîtres Oyseleurs de la Ville, Prevôté & Vicomté de Paris, de ce qu'ils se sont acquittés de leur devoir en l'Eglise de Rheims le vingt-cinq Octobre mil sept cent vingt-deux, à la Cérémonie du Sacre du Roi LOUIS XV.

J'AI soussigné, certifie à tous ceux qu'il appartiendra, que MARTIN NÉ, LOUIS CANY, & GABRIEL PLEIGNEAU, Jurés de présent en charge de la Communauté des Maîtres Oyseleurs de la Ville de Paris ; que suivant les Ordonnances de Charles V. Henry III. Henry IV. Louis XIII & Louis XIV d'heureuse mémoire, & suivant les Statuts dudit Métier d'Oyseleur, ont lâché dans l'Eglise de Rheims, lors du Sacre du

Par LOUIS XV, & en fa préfence, le vingt-cinq Octobre
préfent mois, la quantité de quatre cens Oyfeaux, fuivant l'u-
fage ordinaire, en figne d'allégreffe & de joie, conformément
aux Loix prefcrites, tant par lefdites Ordonnances, que les
Statuts de ladite Communauté ; le préfent pour leur fervir de
certificat & de décharge du nombre defdits Oyfeaux, & de
ce qu'ils fe font acquittés de leur devoir à la cérémonie du Sacre de LOUIS XV, & pour eftre ladite Communauté main-
tenue & confervée dans tous fes Priviléges & conceffions à eux
octroyés & accordés par tous nos défunts Rois d'heureufe mémoire. FAIT à Rheims le vingt-fix Octobre mil fept-cent vingt-
deux. *Signé*, LE DUC DE VILLEQUIERE.

9 782329 622347